Faire équipe ensemble

La manière adéquate d'héberger vos gerbilles, de les nourrir et d'occuper ces petits rongeurs turbulents.

Soignées avec amour

Apprenez comment bien soigner vos gerbilles et ce qu'il faut faire en cas de maladies et de naissances.

De turbulentes séductrices

On ne peut pas les sortir en laisse, ni faire les fous avec elles, ni leur faire de câlins. Pourtant, ces petits rongeurs ont eu vite fait de conquérir le cœur de beaucoup d'amis des bêtes.

Quel est le secret de leur succès ? Est-ce parce qu'elles sont si mignonnes, ou parce qu'elles ont des couleurs si variées ? Est-ce leur naturel dégourdi qui séduit tant ? Mais tout cela est vrai aussi pour d'autres rongeurs. Peut-être est-ce alors parce ce que l'on peut, avec des gerbilles, introduire un coin de nature dans sa maison.

Il est vrai qu'observer le comportement complexe des gerbilles permet d'oublier le stress de la vie quotidienne.

Les gens qui travaillent n'ont pas à avoir mauvaise conscience : les gerbilles ont seulement besoin qu'on les soigne avec amour.

Les gerbilles sont des animaux confiants. Si vous les abordez avec des égards, il ne leur faudra que quelques jours pour sauter dans votre main et vous offrir leur confiance.

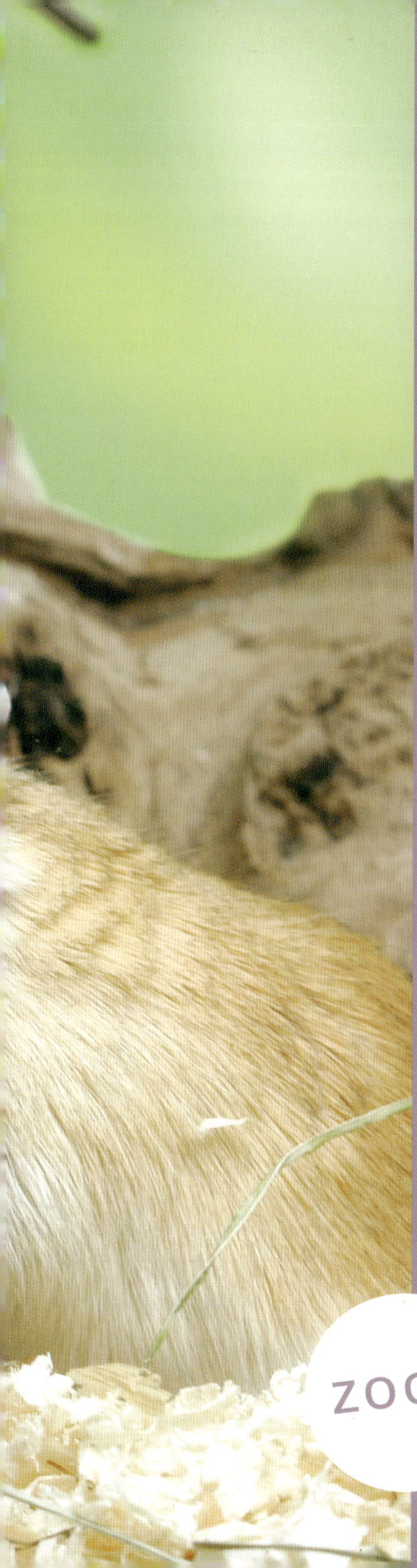

Tout savoir sur les gerbilles

L'origine des gerbilles

Jolie, mignonne, gentille sont à coup sûr les premiers mots qui vous viendront à l'esprit à la vue d'une gerbille. Ces petits rongeurs séduisent par leurs yeux en bouton de bottine, leur nez impertinent et leur curiosité débordante de confiance. Leur charme et leur gaieté ensorcellent celui qui les observe.

Pourtant, avant de partager votre appartement avec les charmantes gerbilles, il serait bon de vous informer de leurs exigences, afin de pouvoir leur offrir des conditions de vie adéquates. Le mieux est que vous vous représentiez la vie quotidienne de leurs congénères sauvages.

Les gerbilles, dans la nature, vivent en groupes.

Ce qu'il faut savoir sur les gerbilles

« Le nom dit déjà tout » : il n'est pas un animal à qui cela s'applique mieux qu'à *Meriones unguiculatus.* C'est la dénomination scientifique de la gerbille, ce qui signifie à peu près « le guerrier muni de griffes ». Car ces rongeurs, qui vivent paisiblement en groupes familiaux, peuvent livrer des combats implacables lorsqu'ils sont contraints de défendre leur territoire. Une circonstance dont il faudra tenir compte aussi pour leur maintenance comme animaux de compagnie (page 32).

▸ **Les régions semi-désertiques** et les steppes d'Asie centrale sont le lieu d'origine des mériones de Mongolie. Elles y vivent en groupes à la structure sociale complexe et obéissant à un ordre hiérarchique rigoureux. La famille vit dans un réseau de galeries comportant plusieurs chambres qui se trouvent à plus de 150 cm de la surface du sol et peuvent s'étendre sur plus de cinq mètres. À côté de cette construction principale, il existe souvent encore d'autres constructions dans le voisinage. Dans leur logis souterrain, les mériones entreposent de la nourriture, s'abritent des intempéries et se protègent de leurs ennemis.

Leur histoire

La science a découvert les gerbilles en 1866 grâce à un Français, le père Armand David, qui envoya les « rats jaunes » au Muséum d'Histoire naturelle de Paris. Toutes les gerbilles de compagnie sont vraisemblablement issues d'un clan composé de 20 couples qui furent capturés en 1935 en Mongolie. Avant que ne commence dans les années 70 leur campagne victorieuse comme animaux de compagnie, on les maintenait comme animaux de laboratoire (un destin douloureux qu'elles partagent avec bien des rongeurs). En 1995, on a capturé de nouvelles gerbilles pour l'élevage et la sélection.

Dans leur habitat naturel, les gerbilles sont constamment sur le qui-vive par crainte des prédateurs.

Un peu de zoologie

La mérione de Mongolie appartient à la classe des mammifères, ordre des rongeurs *(Rodentia)*, sous-ordre des Myomorphes *(Myomorpha)*, immense famille des Muridés *(Muroidea)* et famille des fouisseurs *(Cricetidae)*. Bien que notre gerbille fasse partie des Muridés, elle est plus proche parente du hamster que des souris de couleur (ils appartiennent tous les deux à la famille des fouisseurs). Le nom de gerbille donné à la mérione de Mongolie prête à confusion étant donné que l'ensemble de la sous-famille porte le nom de Gerbillinés et que *Gerbillus* est réservé au genre de la véritable gerbille. La petite « mongole » appartient donc au genre des Mériones (souris des sables) avec ses 14 espèces.

À SAVOIR

Discussions de spécialistes

La classification zoologique de la mérione de Mongolie et d'autres rongeurs soulève encore aujourd'hui bien des discussions parmi les spécialistes. **La plupart des scientifiques** s'accordent toutefois à classer la gerbille parmi les fouisseurs et non parmi les souris.

Des aptitudes fascinantes

Les gerbilles sauvages sont à la merci de multiples prédateurs et ont donc dû s'adapter à ces conditions de vie. Leurs sens bien développés sont aussi importants pour vivre en groupe que pour rechercher la nourriture.

Les gerbilles sont capables de percevoir les rayons ultraviolets.

La vue

La position latérale des yeux donne aux gerbilles, comme à tous les animaux dont le moyen de défense est la fuite, un angle de vision de presque 360 degrés, mais pas la vision en trois dimensions. Elles peuvent ainsi évaluer ce qui se passe derrière elles et réagir rapidement si un ennemi s'approche. Mais elles perçoivent mieux les mouvements éloignés et rapides que ce qui est proche. Cela leur laisse assez de temps pour fuir. Les gerbilles considèrent tout ce qui s'approche d'en haut comme une menace, car il pourrait s'agir d'un oiseau de proie qui cherche son repas. Dans la pénombre, les gerbilles utilisent très bien la lumière restante car leur œil comporte beaucoup de cellules visuelles (bâtonnets), qui pourvoient à la vision en clair-obscur.En revanche, l'œil de la gerbille a un nombre restreint de cônes, les cellules visuelles qui permettent de reconnaître les couleurs.

L'odorat

C'est le sens le plus développé chez les gerbilles et il joue un rôle important dans leur comportement social, au même titre que les phéromones.
C'est à l'odeur qu'elles reconnaissent les membres de la famille et elles pourchassent impitoyablement les intrus. Elles marquent leur territoire avec leur urine et la glande de marquage qu'elles portent sur le ventre (voir l'encadré à droite). Leur odorat développé leur sert aussi à chercher leur nourriture et à trouver les morceaux de choix : en effet, l'odorat des gerbilles détermine essentiellement leur goût.
Si vos gerbilles sont très sensibles aux odeurs étrangères, vous aurez intérêt à vous laver les mains avant de les toucher.

L'ouïe

Les gerbilles peuvent percevoir des sons de la fréquence des ultrasons jusqu'à environ 60 000 Hertz. Dans les fréquences basses, leur

Les vibrisses de la gerbille sont importantes pour s'orienter.

oreille fine perçoit des sons graves situés dans des fréquences inférieures à 1 Hertz. Elles entendent ainsi de loin le tambourinement des pattes de derrière avec lequel leurs congénères donnent l'alerte. À cause de leur ouïe fine et de leur instinct de fuite, un environnement bruyant stresse nos petits rongeurs.

À SAVOIR

Messages odorants

La glande de marquage est présente sur le ventre des mâles comme des femelles.
Une fois la maturité sexuelle atteinte, cette glande est plus importante chez les mâles que chez les femelles. Son développement dépend avant tout de la position hiérarchique de l'animal.
Plus l'animal est dominant, plus il opère de marquages.
Les odeurs produites par cette glande n'occasionnent aucun désagrément pour les humains.

Le toucher

Dans l'obscurité de leurs constructions souterraines, les gerbilles s'orientent parfaitement grâce aux poils tactiles (vibrisses) qu'elles ont sur le museau, aux pattes et sur le corps.
Les racines de ces vibrisses sont pourvues d'innombrables nerfs particulièrement sensibles. En outre, avec leurs pattes, elles peuvent estimer la profondeur du sous-sol et évaluer la pression, ce qui est utile quand on creuse et fouit avec zèle.

Les caractéristiques des gerbilles

Les sympathiques gerbilles vous offrent, comme presque aucun autre animal, la possibilité de participer à leur vie et de comprendre leur comportement.

Telles sont les gerbilles

Ces alertes rongeuses pourvoiront à ce que vous ne vous ennuyiez jamais à les observer. Leur curiosité les pousse à tout explorer, leur instinct de bâtisseuses en fait de zélées architectes d'intérieur qui modifient sans cesse leurs aménagements, et leur intinct de fuite les fait gagner une cachette en un clin d'œil dès qu'un danger se profile. Leur comportement social est également très intéressant. Vous aurez vite fait de découvrir comment s'instaure l'ordre hiérarchique et quelles qualités a chaque animal. Avec deux gerbilles, vous pouvez déjà faire une étude de comportement. Vous découvrirez qu'il y a des fonceuses, des bagarreuses et des machos tout autant que des peureuses, des sensibles et des prudentes. En peu de temps, vous saurez laquelle s'approchera la première de la friandise, laquelle disparaîtra le plus vite dans le nid en cas de danger et laquelle aimera se nicher dans votre main.

▸ **Les gerbilles** sont actives jour et nuit. Les phases d'activité et de repos obéissent à un rythme rapide de 2 à 5 heures. C'est le matin et le soir qu'elles manifestent le plus d'entrain.

Le langage du corps

Tambouriner avec les pattes de derrière fait partie du rituel d'accouplement, mais cela signifie aussi « alerte rouge ». Par ce signal, les gerbilles avertissent leurs congénères du danger et leur enjoignent de disparaître dans leurs galeries en attendant que le calme soit revenu. Pour éviter tout malentendu, ne tambourinez donc jamais avec les doigts contre la vitre de leur enclos.

Quand une gerbille se tient sur les pattes de derrière et reste attentive, elle « est aux aguets », cela signifie que quelque chose a éveillé son intérêt et doit être identifié.

La dominance s'exerce à l'encontre des membres dominés du groupe lorsqu'un individu dominé « se permet » d'accéder le premier à des ressources importantes, que ce soit l'eau, la nourriture ou le bain de sable (page 27). La dominance s'exerce aussi physiquement, p. ex. dans les bagarres ou quand le plus fort plaque le dominé à terre.

Des bagarres anodines entre d'excellents amis sont aussi tout à fait normales. Les rixes sérieuses ne surviennent qu'avec de nouveaux arrivants ou dans les groupes importants.

Les « hobbys » de la gerbille

Bien que chaque gerbille ait sa personnalité, il existe des comportements typiques.

▸ **Manger** est l'une de leurs occupations les plus drôles à observer. Debout sur leurs

Les petites bagarres surviennent, même entre gerbilles amies.

pattes de derrière et en appui sur leur longue queue, elles tiennent fermement leur nourriture avec les pattes de devant. Elles grignotent leur casse-croûte avec application, toujours sur leur garde pour qu'on ne le leur chipe pas. Mais si un congénère fait mine de se jeter sur la friandise, elles foncent dans une cachette pour terminer leur repas en paix. Les restes sont entreposés en vue de « temps difficiles » (page 46).

▸ **Creuser** leur permet de construire des galeries souterraines et de chercher leur nourriture. En grattant la terre, elles maintiennent aussi leurs griffes courtes.

▸ **Prendre contact** se fait avec le nez. Seul celui qui a l'odeur familiale est accueilli chaleureusement. Les congénères étrangers, par contre, sont chassés sans pitié (page 32). Les soins corporels mutuels et les câlins sont très importants dans la vie des gerbilles.

▸ **Ronger** est, après creuser, l'occupation la plus importante. Avec leurs dents qui n'arrêtent jamais de pousser, les gerbilles déchiquettent leur nourriture et les matériaux pour leur nid (page 26). Elles doivent toujours avoir quelque chose à ronger à leur disposition.

▸ **Des galeries de contrôle** sont nécessaires aux gerbilles. Ce rongeur combatif veut en effet s'assurer chaque jour qu'il n'y a pas d'intrus sur son territoire. Ce comportement persiste même chez les gerbilles de compagnie.

▸ **La construction du nid** est en règle générale réalisée en équipe. Même si vous offrez à vos gerbilles une maisonnette toute faite, elles la remodèleront à leur goût. L'activité laborieuse bat son plein, notamment après le nettoyage de l'enclos.

▸ **La toilette** est au programme plusieurs fois par jour : les gerbilles sont des animaux propres. Tout de suite après s'être nourries, elles veillent à leur propreté. En se frottant le museau dans la litière, elles éliminent les impuretés grossières. Puis le travail minutieux des pattes commence et le corps entier est nettoyé : un spectacle charmant ! Et ce que les « pattes » ne peuvent faire, ce sont les dents et les pattes de derrière qui le font.

L'anatomie et les coloris des gerbilles

Les mériones de Mongolie ont une anatomie parfaitement adaptée à leur environnement. Et depuis un certain temps, elles se parent de nombreux et ravissants coloris.

L'anatomie de la gerbille

Comme tous les rongeurs, nos gerbilles possèdent des incisives qui n'arrêtent jamais de pousser et ont besoin de ronger en permanence pour ne pas devenir trop longues (page 34). Les pattes de derrière, longues et puissantes, sont parfaitement adaptées au saut et les pattes de devant avec leurs « doigts » sont d'excellentes pelleteuses. Contrairement aux rats et aux souris, non seulement leurs pattes mais aussi leurs pieds et leur longue queue sont munis de poils. Cela les aide dans leur pays d'origine (dont le climat est souvent extrême) à réguler leur température. Leur longue queue ne leur sert pas seulement de balancier, mais peut aussi leur sauver la vie : si un prédateur les saisit par la queue, la peau se détache et les gerbilles peuvent ainsi se libérer.

De nombreux coloris

La sélection à partir de la gerbille sauvage a fait apparaître d'innombrables coloris. D'autres viendront sûrement s'y ajouter, car les éleveurs n'ont de cesse de « créer » de nouveaux animaux. Nous n'aborderons pas ici les subtilités de la génétique, cela déborderait le cadre de ce petit guide pratique et n'intéresse que les éleveurs. Faites-vous plutôt vous-même une idée de la palette des couleurs. À côté du jeu des couleurs, il existe aussi différents marquages, comme les tachetés, et des individus aux yeux rouges. On n'a pas encore remarqué de grandes différences du point de vue de la santé entre les différentes couleurs. L'achat d'animaux de lignées consanguines est beaucoup plus risqué.

Naturel

La couleur originelle de notre mérione de Mongolie s'appelle aussi agouti.

▸ Camouflée : La partie supérieure du corps varie du brun clair au brun foncé ou brun rouge, le ventre est clair. Cela offre à l'animal un bon camouflage dans son environnement.

▸ Raffinée : Les poils du dos comportent chacun trois bandes colorées, sombre à la pointe, brun clair au centre en général et grise à la racine.

▸ Nuancée : Les bandes sombres qui renforcent cet effet s'appellent « ticking ». On les voit très bien quand on passe le doigt à rebrousse-poil dans la fourrure.

Agouti argenté

À côté de l'agouti naturel, la sélection a permis d'obtenir encore plusieurs nuances très attrayantes.

▸ Chic : L'aspect noble des agoutis argentés est dû à la même répartition des couleurs que chez l'agouti naturel, mais avec des bandes blanches.

▸ Agouti doré : Les bandes colorées produisent une couleur dorée merveilleusement belle. Les yeux sont rouges et les pieds, les oreilles et les griffes ne sont pas ou peu pigmentés.

▸ Les yeux rouges : Chez les gerbilles, beaucoup de coloris sont associés à des yeux rouges, par exemple agouti crème, renard doré, platine ; l'himalayen a même les yeux roses.

Miel clair spotté

Ce coloris rouge doré, qui peut être plus ou moins accusé, est particulièrement sympathique.

▸ Ventre blanc : Typique de la miel clair spottée, le ventre blanc (et en général très nettement délimité) contraste avec le doré rougeâtre. Les autres coloris agoutis ont aussi le ventre blanc.

▸ Délicate différence : Contrairement à son joli pendant, l'agouti doré, elle a les yeux sombres, comme les gerbilles champagne.

▸ La garde rouge : Il existe plusieurs coloris à base de brun rouge, de doré rouge ou de rouge intense. Souvent, seuls les spécialistes reconnaissent les différences.

Noir

Il existe aussi des gerbilles unies. Les noires sont connues depuis déjà longtemps, mais il est rare d'en trouver aujourd'hui.

▸ Une petite tache : Les gerbilles noires ont souvent un signe de reconnaissance bien marqué en forme d'une petite tache blanche par exemple sur le museau ou sur la poitrine.

▸ Les couleurs unies : À côté des noires, il y a aussi des gerbilles blanches, albinos ou avec des yeux noirs, et d'autres avec un pelage gris ou bleu, qui paraît presque violet.

▸ Autres coloris : D'autres variantes existent, que l'on appelle « siamois » ou « burmese », si elles sont un peu plus sombres.

Faites-vous une bonne équipe ?

Les gerbilles ont besoin de peu de place et conviennent bien à des débutants comme à ceux qui travaillent. Il faut toutefois réfléchir à certains points.

Les questions importantes

Les gerbilles vous combleront de joie, mais vous devez bien réfléchir avant de les adopter.

▸ Les soins à apporter aux gerbilles ne sont ni pénibles ni difficiles, mais il fait tout de même prévoir de leur consacrer une demi-heure chaque jour, et un peu plus chaque mois pour le grand nettoyage.

▸ Parlez-en en famille, car tout le monde doit être d'accord pour accueillir les nouvelles venues.

▸ Mettez-vous d'accord avant leur arrivée sur la répartition des tâches.

▸ L'espérance de vie de la gerbille (comme c'est le cas de beaucoup d'autres petits mammifères) est malheureusement limitée et atteint en moyenne 3 ans. Pouvez-vous pendant ce laps de temps vous charger de la responsabilité de ces animaux ?
Et pouvez-vous aussi vous accommoder de savoir que votre amie ne vous accompagnera que pendant une aussi courte période de votre vie ?

▸ L'argent joue un rôle, même avec de si petits animaux. Outre le prix d'achat et les frais d'installation, il faut compter 10 euros par mois pour leur entretien. À cela s'ajoute qu'il faut à l'occasion changer un élément d'aménagement que nos rongeuses zélées ont grignoté. Si une gerbille tombe malade, la note du vétérinaire peut être très supérieure à la « valeur » de l'animal. Êtes-vous prêt à accepter ces frais ?

▸ D'autres animaux de compagnie peuvent se révé-

Des constructeurs zélés : il faut vous résigner à ce que vos gerbilles fassent du petit bois avec la plus jolie des maisonnettes.

Une telle confiance n'est pas courante chez les gerbilles.

ler dangereux pour les gerbilles (page 33). Avez-vous la possibilité de maintenir éventuellement les animaux dans des espaces séparés ?

▸ **Faire vivre sa gerbille seule** serait de la cruauté. Toutefois, la socialisation n'est pas toujours facile et peut prendre du temps (page 32). Êtes-vous prêt à vous charger de cette « corvée », si un animal se retrouve seul après la mort de son partenaire ?

▸ **Les soins** doivent être réguliers. Connaissez-vous quelqu'un qui pourra s'occuper de vos gerbilles avec compétence pendant vos vacances (page 47) ?

▸ **Les allergies** obligent souvent à renoncer. Un membre de la famille souffre-t-il d'allergie aux poils d'animaux ?

Vos attentes

Vous devez naturellement aussi vous demander ce que vous attendez d'animaux de compagnie. Les gerbilles ne sont pas des animaux à câliner. Elles n'aiment pas qu'on les tienne sur les genoux pendant des heures ou qu'on les caresse. Elles n'apprendront jamais aucun tour comme un chien et se suffisent à elles-mêmes. Si vous vous occupez beaucoup d'elles, elles vous laisseront participer et peut-être même grimperont-elles sur votre bras : mais alors attention, car ce ne sont pas de très bonnes grimpeuses. Malgré tout, ces petits rongeurs ne sont pas ennuyeux. Si vous leur aménagez un enclos de façon intéressante, les gerbilles vous montreront leur monde.

Et les enfants ?

Les gerbilles ne sont pas des animaux câlins. Mais leurs phases d'activité, qui durent toute la journée (page 10), permettent de les regarder évoluer. Les gerbilles conviennent à des enfants qui éprouvent du plaisir à observer et à subvenir aux besoins d'un animal. Quant à l'âge, il est toujours difficile de fixer une limite : certains enfants de 10 ans s'occupent de façon exemplaire de leurs gerbilles, d'autres, à 14 ans, en sont incapables. Il est cependant indispensable que les parents soient responsables des animaux et aident à les soigner.

Le choix de la partenaire

Pour leur bonheur, il faut que les gerbilles vivent à deux, au minimum. C'est en effet seulement au contact de ses congénères que ce petit rongeur déploie toute la palette de ses divers comportements et qu'il se montre tout entier. Avant de choisir le partenaire de sa gerbille, interrogez-vous sur ce que vous souhaitez réellement.

Deux animaux sont un nombre idéal et ils se supportent bien, même dans la durée.

Une équipe solide

Courir, creuser, fouir et grimper donne bien plus de plaisir quand on le fait à deux. Un comportement social important, comme la toilette mutuelle ou les câlins, n'est possible qu'avec un congénère. De plus, la curiosité naturelle de la gerbille ne s'éveille que dans le groupe qui lui apporte la sécurité. Un animal isolé devient très rarement aussi familier que le membre d'un groupe. Même si vous vous occupez plusieurs heures par jour de votre gerbille, vous ne pourrez jamais remplacer le congénère.

▸ **Dans la nature,** il existe de nombreux modèles de vie communautaire : ce sont parfois deux gerbilles qui vivent ensemble, parfois un groupe de 20 individus, souvent les parents et leur descendance.

▸ **Tous ces modèles** ne sont pas transposables à la vie domestique. Si dans un groupe de gerbilles sauvages les rixes deviennent trop violentes, les animaux ont toujours la possibilité d'émigrer, de chercher un autre territoire et de fonder une nouvelle famille. Cela n'est pas possible dans un enclos, même spacieux (page 20), et l'issue des bagarres peut parfois être mortelle.

▸ **Maintenir un groupe important** requiert de l'expérience et il faut toujours prévoir qu'on devra séparer les animaux en cas de bagarres et les héberger dans des enclos séparés.

▸ **Avoir deux animaux** est recommandé, surtout si vous n'avez encore aucune expérience des gerbilles. Et vous pourrez aussi offrir à ce duo un bel enclos spacieux.

La question des sexes

Il peut être plus intéressant d'observer un couple que des animaux de même sexe. Outre la parade nuptiale du mâle, vous pourrez aussi être témoin de la croissance des petits. Mais là est justement le problème : il n'est pas toujours facile de trouver preneur pour la prolifique descendance des gerbilles (page 56).

Un grand groupe : à la longue, l'harmonie n'est pas garantie.

▸ **La castration** permet de maintenir un couple sans descendance. Mais l'intervention chez un animal aussi petit est très compliquée, comporte de gros risques et n'est pas réalisée par tous les vétérinaires.
▸ **Le plus sûr** pour vous est un duo de même sexe.
▸ **Les gerbilles femelles** sont un peu plus bagarreuses que les mâles, ce qui peut créer des problèmes dans les groupes importants. Mais avec deux animaux, il n'y a généralement aucun problème.

L'âge idéal

Comme les gerbilles vivent en moyenne 3 ans (plus rarement jusqu'à 5), vous pourrez observer de jeunes animaux pendant des années. Mais des animaux plus âgés deviennent aussi familiers, car leur curiosité l'emporte souvent sur leur timidité.
▸ **À partir de 6 semaines,** les petites gerbilles sont autonomes et peuvent être séparées de leur mère. Si vous voulez associer à votre gerbille un individu étranger, le nouveau venu ne devrait pas avoir plus de 8 semaines. S'il est plus âgé, la socialisation devient plus difficile (page 32). C'est pour cette raison qu'il vaut mieux se procurer des gerbilles de même âge ou des animaux issus d'un même groupe qui se supportent déjà.
▸ **D'après la longueur de la queue,** il est possible de connaître l'âge d'une gerbille : jusqu'à 7 cm, c'est une jeune gerbille ; à un an, la queue mesure environ 11 cm.

Où trouver des gerbilles ?

Il n'est pas difficile de se procurer des gerbilles. Les offres sont devenues fréquentes.

En animalerie

Beaucoup d'animaleries, de grands magasins ou même de jardineries ayant un rayon de petits animaux offrent des gerbilles. Lors de votre achat, veillez à ce que les animaux soient hébergés correctement. Si vous avez l'impression que leurs conditions de vie laissent à désirer, renoncez à acheter. Dans une animalerie sérieuse, et même dans un rayon de petits animaux,les vendeurs doivent répondre à toutes vos questions et faire preuve de patience.

Si vous n'êtes pas convaincu des compétences du vendeur, ou s'il souhaite vous vendre une gerbille isolée sans vous poser de questions, renoncez à votre achat. Un bon vendeur spécialisé insiste toujours pour savoir si la gerbille va être associée à une autre et il donnera alors volontiers des conseils pour la socialisation. Des gerbilles blessées ou malades sont également un signal d'alarme.

Chez un éleveur

Un bon éleveur vous donnera les meilleurs conseils et vous aidera dans votre choix. Là, vous ne courez pas le risque d'acheter des gerbilles déjà pleines. Un éleveur digne de ce nom, qui offre à ses animaux de bonnes conditions de vie, s'est déjà occupé d'eux avec tant d'attention qu'ils sont familiers et confiants et se lieront vite d'amitié avec vous. Pour les amateurs de couleurs particulières, c'est également la meilleure adresse. Vous trouverez des adresses d'éleveurs dans les petites annonces des journaux ou sur Internet. Vous pouvez naturellement aussi vous-même faire publier un avis de recherche.

À la SPA

En raison d'acquisitions irréfléchies ou de naissances incontrôlées, de plus en plus de gerbilles se retrouvent à la garde des sociétés protectrices des animaux. Vous y trouverez des animaux de tout âge et de différentes couleurs.
Les responsables font très attention à séparer les rongeurs par sexes, afin d'éviter de nouvelles gestations non désirées.
Dans les grands refuges,

Les précautions à prendre

Les jeunes gerbilles ne doivent pas être issues d'unions consanguines (par exemple nées d'accouplements entre frères et sœurs), car elles pourraient souffrir de maladies héréditaires.

N'achetez pas de gerbilles par correspondance. Vous devez impérativement vous rendre compte des conditions de vie et de l'état des rongeurs. De plus, l'envoi postal est une torture pour les animaux, cela les stresse et les incommode et rend plus difficile un bon départ dans leur nouveau foyer.

Un petit museau curieux s'avance.
Même des animaux d'un certain âge font rapidement confiance à leurs nouveaux propriétaires.

c'est-à-dire dans les grandes villes, il y a généralement un quartier important réservé aux petits animaux et un choix important de gerbilles.
Mais même dans les petits refuges, on peut trouver l'animal de ses rêves.
Des animaux d'un certain âge ont souvent l'avantage d'être habitués aux hommes et d'être confiants. Jetez donc un coup d'œil au refuge le plus proche de votre domicile ou informez-vous sur Internet sur les sites SOS animaux, où des gerbilles attendent un nouveau foyer (on y trouve même souvent des bébés et de jeunes animaux).

Dans les petites annonces

Des naissances non désirées, une allergie aux poils d'animaux ou un déménagement ne sont que quelques-unes des raisons pour lesquelles des propriétaires de gerbilles offrent, *via* les petites annonces des journaux, leurs animaux, souvent à des prix intéressants et avec tous les accessoires. On doit savoir gré à ces « fournisseurs » de se donner la peine de trouver eux-mêmes de nouveaux propriétaires pour ces animaux au lieu de s'en débarrasser dans un refuge. Faites attention au sexe des animaux que vous choisissez, évitez d'avoir à gérer des naissances inattendues.

À SAVOIR

Offrir un animal

N'offrez jamais une gerbille à un ami sans son accord ; s'il s'agit d'un enfant, les parents doivent être d'accord aussi. Un bon pour un animal et des accessoires ou un livre sur les gerbilles est un cadeau tout aussi apprécié.
Les enfants désirent souvent avoir des gerbilles. Plutôt que de leur offrir comme cadeau d'anniversaire, il est bien préférable qu'ils puissent les choisir.

Un choix judicieux

Prenez votre temps pour choisir vos nouveaux compagnons de vie, car vous vous engagez pour les trois ou quatre années à venir. Achetez seulement là où les conditions de vie des animaux vous ont convaincues.

Ces petits animaux drôles et bon marché poussent hélas trop souvent à des achats coup de cœur. Ces petits rongeurs sont souvent vus, achetés et abandonnés.
À la vue de leurs grands yeux vifs, beaucoup d'amis des bêtes oublient vite que la maintenance de gerbilles entraîne du travail et des responsabilités. Ne vous laissez pas aller aux cadeaux surprises et aux achats précipités. Dormez une bonne nuit avant de vous décider et parlez-en avec votre famille.
Si tous sont convaincus, alors faites votre choix ensemble.

En toute tranquillité

Une fois votre décision prise, prenez tout votre temps pour choisir les animaux et les observer soigneusement. Ne vous laissez jamais presser. Le vendeur, que ce soit un commerçant ou une personne privée, doit tenir à ce que les animaux soient

1 ◂ D'excellents amis. Choisissez autant que possible deux animaux qui passent beaucoup de temps ensemble et se câlinent. Ceux-là s'entendent souvent bien aussi plus tard. Il faut qu'ils soient maintenus séparés selon le sexe par le vendeur. Mais essayez tout de même de vérifier le sexe vous-même, bien qu'il ne soit pas facile de voir la petite différence. Cherchez les testicules des mâles : chez eux la distance entre l'anus et l'orifice sexuel est plus grande que chez les femelles, chez qui vous pouvez en outre reconnaître les rangées de mamelles.

choyés et donc se montrer compréhensif, même si cela dure un peu. Si, par contre, vous avez l'impression que son seul souci est de se débarrasser au plus vite de ses animaux, vous devez en conclure que leur maintenance n'est pas des meilleures.

D'un œil critique

Choisissez de préférence vos gerbilles pendant leur phase d'activité. Vous pouvez souvent les voir en pleine action le matin à l'ouverture du magasin. Si la troupe dort encore, revenez deux ou trois heures plus tard. Une fois que vous les avez longuement observées dans leur enclos, examinez de près toutes les gerbilles qui y vivent et soumettez-les à un petit examen de santé (voir ci-contre).
N'achetez pas d'animaux vivant dans un groupe où vous découvrez ou supputez des congénères malades ! Souvent les autres gerbilles sont déjà contaminées ou leur système immunitaire est affaibli.
Assurez-vous aussi de pouvoir rapporter les petits, au cas où vous achèteriez une femelle pleine.

2

▲ **Contrôle de santé.** Examinez très attentivement les animaux et voyez si vous décelez des maladies. L'enclos et les gerbilles doivent être exempts de parasites. Vous pourrez reconnaître leur présence aux croûtes et aux plaques dénudées dans le pelage. Les gerbilles en bonne santé ont des réactions rapides, elles sont curieuses et éveillées. Elles ont un maintien naturel et des phases de mouvements normales. Le pelage doit être épais et brillant. S'il est hérissé et mal entretenu, c'est le plus souvent que l'animal est malade, ou que la maintenance laisse à désirer. Les yeux doivent être vifs et brillants, le nez sec et sans écoulement. Le corps et les membres sont propres. Si ce n'est pas le cas, c'est que la maintenance manque d'hygiène. L'anus doit être propre et non maculé d'excréments, sinon l'animal souffre selon toute vraisemblance de diarrhée.

Faire équipe ensemble

Un espace pour les petites exploratrices

Avant d'accueillir chez vous vos nouvelles compagnes, quelques préparatifs sont nécessaires. Il y a différentes possibilités d'hébergement pour ces petits bolides, depuis le simple conteneur en verre au coûteux système de tunnels emboîtés.

Le type de logis que vous choisirez dépend de l'espace dont vous disposez et surtout de votre bourse.
Les animaleries offrent un grand choix d'accessoires qui permettent d'aménager le foyer des gerbilles de manière intéressante et variée. Mais renoncez aux babioles inutiles. Vos gerbilles se moqueront bien de vivre dans un enclos de 50 ou de 300 €, pourvu que leurs besoins soient satisfaits.

Une épatante petite maison pour gerbilles avec deux chambres et beaucoup de place.

Les divers enclos

La chose essentielle est que le logis des gerbilles soit adapté à leur espèce. Dans leur intérêt, recherchez non pas le minimum, mais ce qu'il y a de mieux. Un espace par groupe d'au moins 0,5 m^2 est un minimum, ce qui correspond à une surface au sol de 100 x 50 cm, avec une hauteur souhaitable de 40 cm (voir l'encadré de droite).

▸ **Le conteneur en verre.** La meilleure solution pour héberger des gerbilles est un aquarium désaffecté. On peut y mettre une épaisse couche de litière et offrir ainsi aux habitantes un paradis pour fouisseuses. On a une vue excellente sur les animaux et on peut observer leur comportement sans être gêné par les grilles (page 28). Dans les rubriques de petites annonces des journaux, on trouve des aquariums d'occasion à des prix souvent intéressants. N'utilisez pas le couvercle d'origine, sinon l'aquarium serait mal ventilé. L'idéal est un couvercle stable en grillage à petites mailles dans un cadre de bois, assez solide pour que les gerbilles aventureuses ne puissent pas s'échapper. Les bricoleurs n'auront pas de peine à fabriquer ce couvercle anti-évasions.

▸ **Le terrarium.** Les portes coulissantes facilitent l'entretien, mais lorsqu'on les ouvre, la litière tombe à l'extérieur et la ventilation est restreinte. L'humidité peut s'accumuler et provoquer des problèmes respiratoires. Les glissières offrent de plus souvent prise aux dents des rongeurs.

▸ **La cage grillagée.** Les cages ne sont pas ce qui convient le mieux aux gerbilles. Certains éleveurs refusent même de céder leurs animaux s'ils sont promis à une maintenance en cage. Les baquets sont rarement assez profonds pour que la litière sauvagement creusée n'atterrisse pas dans la pièce.

***Les petites maisons** en céramique résistent même aux dents infatigables des rongeurs.*

Parfois, ces animaux curieux trouvent même un bord de baquet qu'ils grignotent. S'ils avalent des éclats, cela peut leur causer de vilaines blessures. Et lorsqu'elles s'ennuient, les gerbilles rongent souvent les grilles. L'écartement des barreaux ne doit pas dépasser 1 cm, pour que les petits ne puissent pas déguerpir.

À SAVOIR

➜ L'importance de la densité

Deux animaux peuvent être hébergés dans un grand aquarium, même avec plus de 1 m^2 de surface au sol. Pour plus de deux gerbilles, la surface au sol ne devrait pas excéder 0,5 m^2. Si elles disposent de plus d'espace, le groupe se scinde souvent et cela donne lieu à des conflits de territoire.

L'aménagement idéal

Plus vous diversifierez l'aménagement de l'enclos, plus les habitantes s'y sentiront à l'aise. Mais il ne doit pas être surchargé, afin que les gerbilles aient assez de place pour creuser et foncer comme des bolides.
Renoncez aux objets en plastique, car en un clin d'œil, ces rongeuses zélées les auront réduits en miettes. En outre, les arêtes vives des éclats peuvent provoquer des blessures si elles les avalent. La ouate pour hamster, les mouchoirs en papier et les textiles indéchirables n'ont rien à faire non plus dans l'enclos des gerbilles : le risque est trop grand qu'elles s'y entortillent les pattes ou se blessent grièvement.

La litière et la nidification

La litière de copeaux de bois pour petits animaux que l'on trouve dans le commerce convient, il faut en mettre une couche d'au moins 20 cm. Veillez à ce qu'elle recèle peu de poussières. Mélangez-la avec du foin et de la paille, cela stabilise les galeries.

▸ **Le matériau de nidification :** les rongeurs ont besoin de foin et de papier toilette, d'essuie-tout ou de mouchoirs en papier non imprimés et solubles dans l'eau.

La maisonnette

Les grandes maisonnettes pour hamster en bois non traité sont parfaites. Elles présentent l'avantage de pouvoir être grignotées sans risques par nos rongeuses. Mais les maisons de terre cuite ou de céramique remplissent aussi leur rôle et ont une durée de vie nettement plus longue. Avec un peu d'habileté, il vous sera aussi facile de construire une belle cachette. Mais n'employez surtout pas de colle toxique, ni de clous. L'entrée doit avoir un diamètre d'au moins 5 cm.

Le bain de sable

Pour nettoyer leur pelage, les gerbilles se baignent dans un sable spécial pour chinchillas. N'utilisez pas de sable de construction,

Où mettre les gerbilles dans la maison ?

Les bruits des gerbilles qui rongent et creusent peuvent perturber le sommeil : il ne vaut donc mieux pas les mettre dans une chambre. La cuisine, à cause des vapeurs de cuisson, n'est pas non plus la pièce idéale.

Le bureau ou la salle de séjour sont par contre tout indiqués, à condition qu'on n'y fume pas et qu'on n'y écoute pas de la musique trop fort.

Les courants d'air doivent être évités ainsi que les rayons directs du soleil, ou la proximité d'un radiateur, mais l'enclos ne doit pas non plus être relégué dans un coin sombre.

Il ne faut pas non plus qu'il soit posé sur le sol. Tout mouvement provoquerait une peur panique chez les animaux, qui croiraient à l'attaque d'un prédateur. Le mieux est de le placer sur un meuble, vous pourrez ainsi procéder à tous les soins confortablement.

Le bain de sable procure du plaisir aux gerbilles et est important pour l'entretien de leur pelage.

ni de sable pour oiseaux, parce que les grains ont des arêtes vives et endommageraient le pelage des gerbilles. Vous pouvez leur offrir le sable dans une coupe en céramique ou une soucoupe. Si vous le couvrez d'une maisonnette, il restera propre plus longtemps.

Les écuelles

Une écuelle n'est pas nécessaire, la nourriture peut être répartie sur la litière. L'eau peut être offerte dans un abreuvoir biberon, à condition qu'il ne goutte pas, ne coule pas et soit fixé au bord de l'enclos de manière à ne pas être en contact avec la litière, ni avec aucun autre objet d'aménagement. On peut aussi donner l'eau dans une maisonnette en terre cuite posée sur une planche, pour qu'elle ne soit pas salie de litière.

La boîte de transport

Pour ramener les gerbilles à la maison ou pour les héberger pendant le nettoyage de leur enclos, une boîte de transport en plastique s'avère fort utile. Elle doit avoir une longueur d'environ 25 à 30 cm et être capitonnée de foin et de litière.

La roue

C'est un sujet controversé. Les roues classiques recèlent bien des dangers : les animaux peuvent se meurtrir la queue et les membres à cause de l'effet de ciseaux (il y a même eu des cas mortels). Mais certaines roues modernes sont plus sûres. Achetez un modèle de 25 à 30 cm de diamètre, avec une piste et une paroi arrière pleines et une stabilisation à l'arrière. Par-devant il ne doit pas y avoir d'entretoises qui provoquent l'effet de ciseaux. Dans un grand enclos, les roues, même en plastique, sont peu grignotées.

Un terrain d'aventures contre l'ennui

L'aménagement idéal d'un enclos pour gerbilles comporte davantage d'éléments que l'équipement de base : non seulement les animaux y habitent, mais ils y vivent et y entreprennent des choses passionnantes.

Il est très important pour des gerbilles de pouvoir creuser. Soyez généreux avec la litière (page 26), cela leur permettra de creuser des galeries et des chambres et d'en rénover chaque jour l'architecture intérieure. Ne les privez pas de ce plaisir ! Mais attention : le plastique sera la plupart du temps rongé (ce qui est dangereux !) et le diamètre des passages doit être suffisant. Vos gerbilles adoreront que vous leur offriez différents espaces de vie en reliant entre eux deux (ou plus) conteneurs en verre à l'épreuve des évasions, ou en divisant un aquarium de belle taille. Remplissez un espace avec une épaisse couche de litière, l'autre avec du sable, une roue et des possibilités d'escalade. Vous pouvez aussi y mettre une petite « table de bois » avec un escalier et y installer l'écuelle à eau en sécurité et à l'abri des salissures.

1 ◂ **Les points de vue**
Les gerbilles aiment utiliser des racines, des pierres ou de grosses branches comme points de vue. Il faut toujours que le bois soit bon à ronger. L'idéal, ce sont des morceaux de bouleau, de saule, de peuplier, de pommier et de poirier. Faites très attention en disposant l'aménagement intérieur à tout placer sur un socle stable pour que les gerbilles ne puissent pas creuser par-dessous et que tout s'effondre sur elles. Elles pourraient être blessées.

▸ Le réseau de tunnels

2

Nos petites rongeuses aiment les tunnels et les tubes de toutes sortes. Les manchons de liège sont particulièrement prisés. Vous en trouverez dans les animaleries. Vous pouvez par exemple poser un long manchon sur le fond de l'enclos avant de répandre la litière, cela donnera plus de stabilité aux tunnels qu'elles creusent. Mais il faudra en prendre votre parti : les plus beaux manchons et d'autres objets d'aménagement en bois seront grignotés s'ils se trouvent sur leur chemin quand elles bâtissent leurs galeries souterraines (de petits poteaux de bois se trouvent même souvent taillés dans la meilleure tradition des castors).

3

◂ Tout en carton

Les manchons en carton procurent un immense plaisir à beaucoup de gerbilles. Les manchons d'essuie-tout ou de papier toilette sont parfaits (mais ils ne doivent pas garder de traces de colle). Les animaux peuvent foncer comme des bolides dedans et la joie est encore bien plus grande quand les manchons sont emboîtés comme sur la photo. Mais deux gerbilles peuvent, en dix minutes, transformer un manchon en confettis, et la consommation de manchons en carton est considérable !

Devenir l'ami des gerbilles

Sur le trajet

Voici enfin le jour où vos nouvelles compagnes emménagent chez vous. Pour le retour à la maison, mettez les gerbilles dans une boîte de transport capitonnée de litière et de foin. Si le trajet est court, elles n'ont pas besoin de nourriture, sauf quelques graines et un morceau de concombre pour étancher leur soif. Rentrez chez vous directement et veillez à ce qu'elles ne soient pas exposées aux courants d'air, au froid, à la chaleur brûlante ou à la pluie, elles risqueraient de tomber malades.

Ascenseur pour gerbilles : transport sécurisé pour rongeurs affairés.

Bien préparer l'arrivée des gerbilles

Le conteneur de verre doit être complètement aménagé et prêt à accueillir ses nouvelles habitantes. Placez dedans la boîte de transport avec les gerbilles et attendez qu'elles se risquent d'elles-mêmes dans leur nouveau royaume. Enlevez alors la boîte avec précaution, et veillez à ce que les portes ou le couvercle de l'enclos soient bien verrouillés, car les gerbilles sont des as de l'évasion, qui trouveront le moindre moyen de s'échapper.

▸ **Le calme** est maintenant essentiel, écartez-vous et ne les observez que de loin. Même si c'est particulièrement difficile pour les enfants, les animaux doivent se familiariser avec leur nouvel environnement en toute tranquillité. En effet, le stress peut avoir des répercussions sur leur santé. Limitez-vous donc aux soins nécessaires.

▸ **Après deux ou trois jours,** les gerbilles ont généralement exploré tout à loisir leur nouveau foyer, et l'ont peut-être déjà modifié à leur goût. Vous pouvez maintenant vous présenter à vos nouveaux colocataires.

▸ **Tenez** votre main dans l'aquarium, présentez dessus un peu nourriture et essayez de rester aussi calme que possible : tout mouvement brusque fait peur aux gerbilles. Bientôt les petites curieuses vont s'approcher de votre main, la flairer et venir chercher une bouchée... Toujours prêtes à la retraite en cas de danger.

▸ **Les plus courageuses** grignoteront peut-être vos doigts ; contentez-vous alors de les remuer un peu. Au bout de quelques jours, elles se risqueront sur votre main et grimperont peut-être même le long de votre bras. Veillez à ce qu'aucune gerbille ne s'échappe. Vous pouvez attirer les plus craintives avec une friandise, par exemple une graine de tournesol ou un ver de farine. Et bientôt vos petites curieuses vous salueront en toute confiance.

Une tentation délicieuse est irrésistible pour une gerbille.

▸ **Restez plein d'attentions,** même quand vos gerbilles vous ont accordé leur confiance. Évitez toujours les mouvements brusques ou les bruits retentissants, pour ne pas les effrayer.

Porter correctement ses gerbilles

Pour soulever une gerbille, le mieux est de la faire monter sur votre main et de tenir l'autre main au-dessus comme un toit. Ne vous autorisez jamais à la saisir par la queue et à la soulever ainsi. Il est tout juste permis de la maintenir à la racine de la queue.
Mais si vous la saisissez au mauvais endroit ou tirez dessus, la peau se détache complètement et vous n'avez plus devant vous qu'une queue ensanglantée. Dans la vie sauvage, ce stratagème, certainement très douloureux pour l'animal, permet à la gerbille de se libérer de la gueule de ses prédateurs. Mais la peau ne repousse pas, et la queue dépouillée tombe le plus souvent au bout de quelques jours (à moins que la gerbille ne la tranche elle-même).

À SAVOIR

Porter des gerbilles peureuses

Les petites rongeuses sont agiles. Et pour un débutant, il est difficile de les porter dans la main en toute sécurité. On a peur de les tenir trop serrées, mais si on desserre, elles s'échappent. Voici un stratagème qui vous permettra de relever facilement le défi : laissez la gerbille entrer seule dans un manchon en carton (ou grimper dans une tasse) et bouchez l'ouverture. Vous pourrez ainsi transporter sans problème même les plus peureuses.

L'amitié entre gerbilles

Si une gerbille vit seule chez vous et que vous voulez lui offrir la compagnie d'une congénère, vous devrez vous armer de patience jusqu'à ce qu'elles se soient habituées l'une à l'autre.

La socialisation avec une autre gerbille

Ne mettez en aucun cas la nouvelle venue dans l'enclos avec celle qui y est déjà là. Elle serait immédiatement considérée comme une intruse, à cause de son odeur, qui ne correspond pas à celle « du groupe » et chassée avec acharnement ou même tuée.

▸ **Les bandes familiales** elles-mêmes sont perturbées quand une gerbille a été maintenue séparée de ses congénères ne serait-ce que trois jours et a ainsi perdu son parfum typique.

▸ **Le mieux** est d'opérer la socialisation quand la nouvelle arrivante n'a pas plus de 8 semaines. Plus tard, le comportement territorial des gerbilles rend l'accoutumance difficile, et même parfois impossible.

▸ **Nettoyez** l'aquarium de fond en comble et transformez-le complètement. Divisez-le en fixant au milieu deux grilles distantes d'environ 2 centimètres. Les interstices entre les barreaux ne doivent pas avoir plus d'1 centimètre de large, pour que les gerbilles ne puissent pas passer au travers.

▸ **Mettez** maintenant une gerbille dans chaque moitié de l'aquarium. Changez-les de côté trois ou quatre fois par jour. Quand vous avez procédé ainsi pendant 7 à 10 jours, leurs odeurs devraient s'être harmonisées suffisamment pour qu'elles s'acceptent.

▸ **Si vous avez l'impression** que chacune se comporte maintenant paisiblement dans sa moitié d'enclos, vous pouvez ôter les grilles de séparation. Mais observez les rongeurs avec attention dans les heures et les jours qui suivent, pour pouvoir intervenir rapidement en cas de querelle.

L'idéal pour la socialisation est de profiter d'un week-end ou de vacances.

▸ **Même si** les gerbilles se comportent paisiblement au début, il peut toujours se produire des rixes violentes, au point que vous soyez obligé de les séparer de nouveau. Il faudra alors recommencer depuis le début. Et personne ne peut garantir qu'elles se lieront d'amitié. Peut-être pourrez-vous chercher d'autres conseils auprès d'un éleveur de gerbilles.

Comment séparer deux gerbilles qui se battent ?

Ne le faites pas à main nue, vous risqueriez d'avoir les doigts ensanglantés.

Essayez plutôt de les séparer en glissant tout doucement entre elles un morceau de carton.

Autre façon de faire : enfiler des gants de cuir pour enlever l'une des gerbilles. Mais on a souvent pas assez de doigté.

Les équipes de choc mettent souvent beaucoup de temps à se former, mais elles deviennent inséparables.

Les autres animaux

Si la présence d'un congénère est essentielle pour une gerbille, elle n'a que faire des autres animaux : elle ne veut aucun contact avec les chiens, les chats, les souris ou les oiseaux.

▸ **Les chiens** (s'ils sont bien éduqués) peuvent ignorer les petits animaux derrière le verre. Toutefois les gaillards, par exemple les terriers, ne se lassent pas du spectacle et restent assis devant l'aquarium à gémir et à japper. Et quand vous laissez vos gerbilles en liberté, ils ne doivent pas être là, car les gerbilles foncent à toute allure et beaucoup de chiens ne peuvent pas résister à une poursuite effrénée. La seule solution est de placer l'enclos des gerbilles dans une autre pièce. Il est à noter qu'aucun de mes rongeurs (venus de refuges) n'a jamais été perturbé par les aboiements de mes chiens quand on sonnait à la porte. Sans doute s'étaient-ils tout simplement habitués à ces bruits de fond.

▸ **Les chats** considèrent généralement un rongeur comme un délicieux petit-déjeuner. Veillez à ce que ces pattes de velours n'aient aucune occasion d'attraper les gerbilles ou de les harceler dans leur enclos. Quand les rongeurs courent en liberté, une stricte séparation est obligatoire !

▸ **D'autres rongeurs** seraient impitoyablement chassés du territoire des gerbilles. Il est donc impossible de les maintenir ensemble, et c'est aussi contraire à leur bonheur. En dépit même de certaines apparences, les exigences des hamsters, des cochons d'Inde et des octodons sont trop différentes pour qu'une socialisation soit possible.

Les menus

Les gerbilles sauvages ne peuvent pas tous les jours manger à satiété dans une écuelle généreusement garnie de choses délicieuses. Elles sont occupées plusieurs heures par jour à essayer de trouver quelque chose de nourrissant. Elles ne peuvent pas toujours faire la fine bouche et doivent se contenter de ce que leur offre la nature au fil des saisons.

Le bon dosage

Les gerbilles prennent environ huit repas par jour à différents moments de la journée. Cela explique pourquoi les gerbilles domestiques souffrent si souvent d'ennui et ne sont pas en forme.
Un excès de nourriture leur cause du tort et peut même les rendre malades.

Ayez toujours l'œil sur les quantités qu'elles consomment et évitez que ces fins palais ne mangent que les morceaux
de choix et laissent ce qu'elles aiment moins. Seule une alimentation variée les protège des maladies.
Chaque gerbille a des besoins différents, qui doivent donc être évalués individuellement. Veillez toutefois à ce qu'elles ne soient jamais affamées : à cause de leur métabolisme rapide, les gerbilles consomment toujours beaucoup d'énergie.

La nourriture de base

La nourriture essentielle des gerbilles sauvages est constituée de graines et de céréales. Dans les animaleries, on trouve des mélanges de graines pour gerbilles. Veillez à ce qu'ils contiennent suffisamment de petites graines ou distribuez-en vous-même sous forme d'aliment pour perruches par exemple. Les ingrédients riches en graisse, comme les graines de tournesol et les noix, font les délices des gerbilles, mais ils font grossir. C'est pourquoi il est bon de les réserver comme récompense. Attention aux cacahuètes dans leur coque, qui peuvent contenir des moisissures toxiques.
Une nourriture de qualité et équilibrée contient aussi des légumes et des herbes déshydratés.

▸ **N'achetez pas de gros paquets d'aliments** si vous n'avez que deux gerbilles, car la nourriture, même d'excellente qualité, ne se conserve pas longtemps.

▸ **En faisant le mélange vous-même,** vous pouvez composer la meilleure des nourritures pour vos pensionnaires. Voici les ingrédients qu'il doit contenir : 200 g de graines pour perruches, 200 g d'un mélange de graines de graminées et de graines d'autres plantes herbacées (fenouil ou

Distribuer la bonne quantité de nourriture

Vous pouvez donner une cuillerée à soupe rase par animal adulte, soit 10 g de graines par jour. Divisez la ration en deux et nourrissez-les le matin et le soir.

Si vous voyez que les gerbilles font trop de réserves, il faut réduire la ration quotidienne.

Si au contraire elles ne laissent rien, vous pouvez augmenter un peu la ration.

Les légumes séchés sont très appréciés par beaucoup de gerbilles. Mais ces fines bouches ont souvent des préférences.

pissenlit par ex.), 70 g de légumes déshydratés, 40 g d'un mélange bio de 5 ou 6 céréales, 40 g d'un mélange d'herbes médicinales.

Les petits trucs à grignoter

Ronger pour les gerbilles n'est pas seulement un plaisir, c'est essentiel pour user leurs dents qui ne cessent jamais de pousser. Malheureusement les barres à grignoter et autres snacks des animaleries contiennent du sucre, de la mélasse ou du miel et sont trop énergétiques, ce qui peut entraîner un surpoids. Ce qui convient le mieux, ce sont les rameaux d'arbres fruitiers, de bouleau, de saule, de peuplier ou de noisetier. Ils ne font pas grossir, contiennent beaucoup de minéraux et peuvent même être servis avec les feuilles, les bourgeons et les fleurs.

▸ **Une fois par semaine** vous pouvez donner à vos gerbilles une friandise : une graine de tournesol ou de courge, un pignon de pin, un quart de noisette, de noix ou de noix de pécan ou encore un petit morceau de pomme séchée, un raisin sec ou un fruit d'églantier.

À SAVOIR

→ Facile à sécher

Les légumes. Vous pouvez les acheter déshydratés ou les faire sécher à 50 °C dans un four à chaleur tournante.

Les plus adaptés sont le céleri, les carottes, le chou-rave, le fenouil et la betterave rouge.

Les herbes médicinales doivent être séchées, en les suspendant dans une pièce bien aérée.

Les plus appréciées sont l'ortie, les feuilles de ronce, la bourse à pasteur, l'achillée, les pâquerettes, les fleurs de souci et la camomille.

Les aliments frais et autres

Pour offrir à vos gerbilles une nourriture équilibrée, il ne faut pas vous limiter à la nourriture de base.

Les aliments frais

La verdure fraîche et les légumes sont indispensables. Il faut en donner tous les deux jours, et même tous les jours, si les gerbilles les aiment et les supportent bien. Les fruits, avec leur forte teneur en sucre, peuvent favoriser l'apparition du diabète et doivent rester exceptionnels. Une offre généreuse de légumes et de verdure vous permet de composer des menus variés. Pour que vos gerbilles ne mangent pas d'aliments avariés ou en train de fermenter, il faut absolument enlever tous les soirs de l'enclos les restes de nourriture fraîche. Distribuez donc de préférence des petites rations à plusieurs reprises. Si vos gerbilles ne sont pas encore habituées aux aliments frais, il est nécessaire de commencer à les y habituer avec des petits morceaux, gros comme l'ongle du pouce à peu près. Vous en trouverez au rayon légumes de votre supermarché, mais vous pourrez aussi en ramasser d'autres au cours de vos promenades. Mais tout ce que vous leur donnez doit être bio et non traités avec des pesticides. Lavez très soigneusement la verdure et pelez les pommes.

▸ **À acheter :** pomme, poire, brocoli, endive, laitue, chicorée, frisée, fraise, mâche, bulbe de fenouil, concombre, carotte (même avec les fanes), chou-rave, fines herbes, potiron, bette, melon, poivron, betterave rouge, céleri, pousses de soja, tomate (seulement la chair rouge) et courgettes.

▸ **À ramasser soi-même ou à planter au jardin :** basilic, mûres avec les feuilles, aneth, rudbeckia rouge, pâquerettes, graminées (même avec les épis), avoine, framboises, camomille, pissenlit, luzerne, mauve, mélisse, feuilles de noyer, persil, fleurs de souci, sauge, achillée, fleur et feuilles de tournesol, plantain lancéolé, mouron des oiseaux et blé. Ne ramassez rien le long de routes à grand trafic, à proximité d'installations industrielles, ou le long de chemins trop fréquentés par les chiens.

Conseils pour la nourriture

Ne distribuez jamais d'aliments frais sortant du réfrigérateur, cela provoque des problèmes digestifs.

Tout à fait inadapté ou toxique : les restes de repas, comme les pommes de terre crues et germées, les feuilles de tomates ou de pommes de terre, les amandes, la rhubarbe, les haricots crus, les fruits à noyaux (page 61).

Faites germer un peu des graines que vous distribuez, pour vérifier leur fraîcheur. Vous pouvez donner les germes aux gerbilles.

Les aliments d'origine animale

Il est vrai que les gerbilles sauvages sont essentiellement végétariennes, mais elles savent également

Du foin d'herbes médicinales, frais et de bonne qualité, devrait toujours être à la disposition des gerbilles comme complément de nourriture et matériau de nidification.

apprécier les insectes, importante source de protéines. Les gerbilles de compagnie ne dédaignent pas non plus ce mets, qui devrait leur être offert deux ou trois fois par semaine. Les femelles pleines peuvent déguster un ver de farine chaque jour. Vous pouvez conserver les vers de farine dans un récipient en verre muni de trous d'aération (nourrissez les vers avec du son, des flocons d'avoine et de la verdure). Si cela vous est désagréable, vous pouvez les remplacer par de l'aliment pour oiseaux contenant des insectes séchés (en animaleries), une goutte de yaourt ou de fromage blanc maigre, ou un biscuit pour chien.

L'eau

Bien que les gerbilles boivent très peu et trouvent tout le liquide dont elles ont besoin dans les aliments frais, il faut néanmoins qu'elles aient toujours à leur disposition de l'eau propre et fraîche.

Les vitamines et le sels minéraux

Si vous donnez à vos gerbilles une nourriture variée, elles n'ont pas besoin de suppléments vitaminés ou d'aliments de complément.
Un excès de vitamines et de sels minéraux peut même causer des problèmes et des maladies. C'est seulement à des femelles pleines ou à des animaux malades ou âgés qu'il peut être éventuellement nécessaire de donner des compléments vitaminés. Demandez alors l'avis de votre vétérinaire, il vous donnera des conseils précis et vous dira si vos animaux ont réellement besoin de préparations complémentaires.

Observer ses gerbilles

Avec des gerbilles, il n'y a pas l'heure des câlins, mais il y a bien mieux : du pur divertissement ! Dans leur petit royaume derrière la vitre, elles mènent une vie pleine, avec ses hauts et ses bas. Elles montrent leurs sympathies profondes, câlinent leurs amis, se bagarrent avec leurs copains, construisent leurs galeries et leurs chambres.

Foncer est une nécessité, *surmonter les obstacles un jeu d'enfant.*

L'œil collé au trou de la serrure

Commencez tout simplement par les observer pour déceler à quel moment elles sont les plus actives, combien de temps durent les phases d'activité et les phases de repos.

▸ **Observez-les quand elles se nourrissent :** que choisissent d'abord ces fins palais, que délaissent-elles ? Y a-t-il des graines qu'elles consomment immédiatement et d'autres qu'elles préfèrent stocker dans leur terrier ? Comment se comportent-elles devant les aliments frais, manifestent-elles certaines préférences ? Certaines gerbilles, par exemple, se précipitent toujours sur le pissenlit frais, mais n'aiment pas beaucoup le persil qui reste un certain temps avant d'être mangé. Mais même si vos rongeuses ne mangent pas toute suite avec plaisir toutes les graines ou les aliments frais, il faut toujours être attentif à leur offrir une nourriture variée. Ne gâtez pas vos gerbilles en ne leur donnant que leurs morceaux préférés.

▸ **Pour les matériaux à ronger,** les gerbilles ont aussi leurs préférences. Pour beaucoup d'entre elles, les manchons de carton sont le *nec plus ultra*, d'autres préfèrent grignoter du bois tendre

Fabricants de confettis : *deux gerbilles mettent 10 minutes pour venir à bout de ce genre de manchon en carton.*

ou des rameaux frais avec leurs bourgeons, leurs feuilles et leurs fleurs. Elles doivent donc toujours avoir un large choix.

Une ramification de tunnels

C'est aussi une grande joie d'observer les gerbilles lorsqu'elles aménagent leurs galeries souterraines. Il n'est pas du tout facile de découvrir où celles-ci se croisent et où sont les issues, d'autant plus que « l'architecture intérieure » change sans cesse. Où va ressortir la gerbille qui vient de disparaître dans un trou ? Y a-t-il encore un raccordement entre les deux couloirs parallèles, ou va-t-il falloir éliminer un morceau de liège pour que le réseau puisse être transformé comme prévu ?

Quelques trucs

Il n'est naturellement pas possible d'éduquer des gerbilles, ni non plus de leur apprendre des tours. Mais on peut les inciter à accomplir certains mouvements.

▸ **Commencez** par employer toujours le même mot pour les appeler avant de leur donner leur nourriture. Il ne faudra sûrement pas longtemps pour que vos petites commères sortent de leur terrier à votre appel.

▸ **Avec des friandises,** on peut aussi souvent les amener à franchir de petits obstacles comme une pierre, un ponton de bois ou une maisonnette. Certaines passent même à travers un anneau de bois dans l'attente de la petite bouchée qu'elles désirent. Vous pourrez même former des obstacles ou des cercles avec les doigts et les guider pour qu'elles les franchissent.

À SAVOIR

L'équipe inséparable

Beaucoup de gerbilles qui sont attachées l'une à l'autre ont l'habitude de faire ensemble beaucoup de « tâches quotidiennes ». **Les couples de rongeurs** exécutent souvent des mouvements dont les phases sont synchrones. **Mais souvent, l'un des deux** se révèle être le plus téméraire et ose se risquer hors du terrier, tandis que l'autre attend à bonne distance et observe.

Manger en jouant
entretient la bonne humeur

Dans leur pays d'origine, les alertes gerbilles sont occupées des heures durant à chercher leur nourriture et à explorer leur territoire. Même chez elles, elles aiment la diversion.

Si elles n'arrêtent pas de gratter dans le coin de l'aquarium ou de ronger les grilles (si elles sont en cage), c'est que vos gerbilles s'ennuient. Divertissez-les en leur donnant des choses à ronger et en les obligeant à chercher leur nourriture. En aménageant la maison de verre avec imagination, vous avez déjà rendu le quotidien des gerbilles passionnant : elles peuvent grimper sur des pierres ou des racines pour scruter l'horizon, fouir et creuser dans une épaisse litière. Transformez la disposition de leur logis après chaque nettoyage : ainsi, leur environnement restera intéressant et elles auront toujours quelque chose à découvrir.

La cabane dans l'arbre offre un point de vue imprenable et la gerbille curieuse a ainsi son petit royaume à l'œil.

1 Le jeu de piste

La nourriture dans l'écuelle, quel ennui ! Alors qu'il est si facile de la répartir sur la litière, pour que les gerbilles soient obligées de la chercher. Un casier à bouteilles en terre cuite, posé de manière bien stable, devient un vrai paradis pour gerbilles si on cache de la nourriture dans les trous, sous du foin ou du papier.
Une autre idée : enfouissez les céréales dans une coupe pleine de sable.

2 Vous avez le bonjour du castor

Il faut absolument du bois dans un foyer pour gerbilles ! Des rameaux frais (page 35) leur permettent de ronger à satiété. Grosse ou fine, aucune branche ne résiste à ces petites dents infatigables et elle sera tôt ou tard déchiquetée. Vous pouvez aussi occuper vos rongeurs avec de la verdure fraîche. Suspendez du pissenlit ou autre au couvercle grillagé ou embrochez-le sur une branche placée dans une brique. Si elles ont l'habitude d'avoir beaucoup de verdure fraîche, vous pouvez semer dans une coupe en terre cuite remplie de tourbe spéciale rongeurs des graines de graminées et d'herbes médicinales et la placer dans l'enclos. Une fois par semaine, ce peut être aussi des morceaux de millet en grappes.

3 Exploratrice de caverne

Les manchons en carton donnent déjà beaucoup de plaisir par eux-mêmes. Mais il est plus excitant encore pour vos petites amies d'y trouver une friandise ! Bouchez les orifices avec du foin pour qu'elles « déterrent » le morceau convoité. Vous pouvez aussi cacher la nourriture dans un carton propre, et plus passionnant encore, la leur faire chercher dans un labyrinthe bricolé avec du carton.

En liberté

Pour ces rongeurs entreprenants, il est indispensable de pouvoir courir en liberté dans la maison. Mais cela comporte bien des risques.

En liberté dans la maison

Les dangers et le stress auxquels les gerbilles en liberté sont exposées n'ont aucune commune mesure avec le court plaisir que leur apporte l'excursion. Elles peuvent s'électrocuter en rongeant un câble électrique, tomber dans une fente ou être écrasées par inadvertance. Il est même arrivé que des gerbilles se noient après être tombées dans la cuvette des toilettes. Offrez-leur plutôt beaucoup d'espace et de distractions dans leur enclos. Pour les laisser courir en liberté en toute tranquillité, il faut disposer d'un espace dont on a éliminé toute source de danger.

Rattraper les évadées

Toutes les gerbilles ne rentrent pas volontairement dans leur enclos et la capture peut s'avérer difficile : il suffit d'un mouvement malencontreux pour que la confiance établie soit perdue. Il s'agit maintenant de mettre la main sur les vagabondes sans que cela

Les dangers courus par les gerbilles
Les câbles électriques peuvent provoquer des décharges mortelles.
Les vases, poubelles, interstices des meubles, etc. peuvent devenir des prisons dont elles ne se sortiront pas sans aide.
Portes et fenêtres peuvent les écraser en se refermant.
Elles peuvent grignoter des plantes d'appartement toxiques (page 60). Les produits d'entretien peuvent les rendre malades.
Les cactus et d'autres objets pointus peuvent les blesser.
Elles peuvent s'enfuir par une porte ou une fenêtre ouverte.
On peut les blesser par inattention, en marchant ou en s'asseyant dessus.
D'autres animaux domestiques ne demandent pas mieux que de les manger.
Elles peuvent se brûler à des casseroles bouillantes ou à des bougies allumées.
Les tiroirs ouverts sont une invitation à y grimper. Si elles s'y trouvent enfermées, elles peuvent y étouffer, mourir de faim ou être écrasées.

Rien n'est en sécurité quand ces petites exploratrices sont libres. Elles-mêmes courent aussi beaucoup de dangers.

finisse en course-poursuite effrénée. Et c'est plus facile quand la faim bat le rappel.

▸ **Si vous ne savez pas** à quel endroit se tiennent les évadées, déposez des graines de céréales ici et une écuelle avec de l'eau. Vous localiserez ainsi facilement vos gerbilles.

▸ **Avec un peu de chance,** elles se glisseront dans le manchon en carton que vous leur offrirez. Les plus adaptés sont les grands manchons pour envoi postal dont on peut fermer les deux bouts. Déposez-en un avec une extrémité fermée devant la cachette de la gerbille et attendez qu'elle soit arrivée à peu près à moitié. Alors vite, vite, rapportez-la dans son enclos. Cela marche souvent aussi dans une coupe assez profonde garnie de nourriture.

▸ **Autre méthode :** garnissez le fond d'un seau de tissu, de papier ou de litière et mettez-y de la nourriture. Posez une planche contre le bord du seau comme passerelle et attendez une nuit. À coup sûr, les évadées grimperont sur la planche et tomberont dans le seau.

Le paradis du jeu

Si la maison ne se prête pas aux randonnées des gerbilles, vous pouvez aussi fermer une pièce à l'aide de grilles amovibles et y installer toutes sortes de sources de distraction, des racines, des coupes dans lesquelles elles pourront creuser, etc. Mais il faudra tout de même les surveiller.

Soignées avec amour

L'entretien

Vos gerbilles ne vous demanderont pas beaucoup de temps. Mais il faut tout de même veiller à l'hygiène de leur foyer pour qu'elles restent en bonne santé et de bonne humeur. À l'inverse, un excès de propreté les exposerait davantage aux maladies en affaiblissant leur système immunitaire.

Renoncez aux produits d'entretien corrosifs. Leur odeur est beaucoup trop forte pour l'odorat sensible des gerbilles. Employez plutôt de l'eau chaude vinaigrée et rincez abondamment à l'eau très chaude.

Les autres tâches d'entretien

Outre la routine quotidienne (voir l'encadré), d'autres mesures d'entretien s'imposent.

▸ **Une fois par semaine,** il faut changer le sable pour chinchillas dans le bain de sable et nettoyer la coupe.

▸ **Le nettoyage complet** du foyer et de son « mobilier » s'effectue environ une fois par mois pour un aquarium d'un mètre de long. Plus l'aquarium est grand, moins il vous donnera de travail.

▸ Au besoin, on peut compléter la litière, ou la renouveler en partie, et désinfecter l'aquarium, notamment en cas de maladie (après consultation du vétérinaire).

L'hébergement pendant les vacances

C'est dans leur petit royaume que les gerbilles se sentent le mieux et elles n'apprécient pas de partir en voyage avec vous. C'est pourquoi vous devez autant que possible les laisser à la maison si vous partez

Les soins quotidiens

- Nettoyer les écuelles et les abreuvoirs biberons.
- Éliminer le matin tous les restes d'aliments frais de la veille et distribuer la nourriture matin et soir.
- Éliminer le cas échéant les grosses saletés (crottes ou urine) de la litière et du bain de sable.
- Donner de l'eau fraîche. Contrôler deux fois par jour si les abreuvoirs biberons ne coulent pas ou ne sont pas bouchés.
- Observer les animaux : sont-ils tous en forme, donnent-ils des signes de maladies, ont-ils la diarrhée, mangent-ils ?
- Contrôler l'enclos : y a-t-il la moindre possibilité de s'échapper pour ces reines de l'évasion, tous les accessoires d'aménagement sont-ils toujours bien stables et sans danger ?
- Contrôler les matériaux à ronger : y a-t-il encore assez de manchons en carton, de foin et de rameaux, d'essuie-tout ou de rameaux frais à grignoter ?

en vacances. Si malgré tout vous voulez les emmener pour un assez long voyage, informez-vous au préalable auprès du consulat du pays en question des éventuelles conditions d'entrée des rongeurs.

▸ **Pour deux ou trois jours,** vous pouvez sans problème laisser vos gerbilles à la maison, si vous veillez à ce qu'elles aient assez de nourriture, d'eau et de distractions.

▸ **Pour une absence plus longue,** il faut que l'un de vos amis prenne soin d'elles. Au pire, portez-les chez lui, avec leur logis. Comme ces rongeurs s'occupent très bien tout seuls, cela ne coûtera pas beaucoup de temps à votre ami. Avant de partir, nettoyez à fond l'aquarium, afin qu'il n'ait pas à le faire. Montrez-lui comment vous nourrissez vos animaux et donnez-lui une liste des tâches d'entretien régulières, le numéro de téléphone de votre vétérinaire et votre portable. Veillez à ce qu'il ait assez de nourriture, de litière, de manchons en carton et de rameaux, laissez-lui aussi un peu d'argent pour qu'il puisse acheter des aliments frais, un supplément inattendu de litière ou du sable pour chinchillas.

Les aliments frais doivent être éliminés le lendemain, sinon ils pourrissent.

À SAVOIR

➜ **Une odeur neutre**

Des gerbilles bien entretenues ne sentent pas. **Renoncez donc aux litières parfumées** ou aux « déodorants » pour rongeurs. Cela est superflu et même plutôt préjudiciable. **La litière pour chat ou pour rongeur** destinée à absorber l'humidité leur nuierait si elles en mangent.

Les précautions

Des conditions de vie correctes et une nourriture équilibrée sont ce que vous pouvez faire de mieux pour que vos gerbilles restent en bonne santé. Mais quelques précautions supplémentaires s'imposent.

Une bonne prévention

Le programme en six points « logis-compagnie-nourriture-distractions-hygiène-observation » résume les conditions essentielles de maintenance et vous aide ainsi à prévenir les maladies.

▸ **Le logis.** Les gerbilles ne peuvent pas supporter longtemps les courants d'air, ni une hygrométrie élevée, la chaleur brûlante, le froid extrême et la fumée. En choisissant l'emplacement qui convient, vous contribuez à leur bien-être. Veillez aussi à respecter leurs phases de repos et à ne pas les déranger quand elles dorment.

▸ **La compagnie.** Une gerbille maintenue seule est une gerbille malheureuse. Un comportement perturbé, des répétitions obsessionnelles et l'apathie peuvent en découler : c'est du stress à l'état pur ! Un animal qui vit dans un stress permanent a un système immunitaire affaibli et tombe plus facilement malade.

▸ **La nourriture.** Une nourriture variée est la base d'une vie saine pour une gerbille. Elle lui assure un apport équilibré de vitamines, d'oligo-éléments, de sels minéraux et d'autres éléments nutritionnels essentiels et la maintient en forme.

▸ **Les activités.** Creuser, fouir, ronger, grimper sont des occupations auxquelles les gerbilles doivent pouvoir se livrer autant qu'elles le désirent.
Un aménagement intéressant et diversifié de l'aquarium prévient l'ennui, permet aux muscles de s'entraîner et aux cellules grises de ces petites bêtes intelligentes de fonctionner.
Condamnées à ne rien faire, elles souffrent de stress et ne tardent pas à tomber malades.

▸ **L'hygiène.** Un nettoyage régulier de l'aquarium et des accessoires d'aménagement empêche les microbes de se propager. Il faut absolument éliminer les aliments frais non consommés pour qu'ils ne puissent pas moisir ou fermenter.
Il faut veiller à ce que les abreuvoirs ne coulent pas, sinon l'hygrométrie augmente et les voies respiratoires des gerbilles en souffrent.

Surveiller le poids

Pesez régulièrement vos gerbilles et notez leur poids. Pour cela, pesez-les une par une dans la boîte de transport, puis pesez la boîte de transport seule. La différence vous donnera le poids de chaque gerbille.

Une gerbille obèse pèse nettement plus de 100 g et se reconnaît facilement à son cou empâté de graisse. Le moment du régime est venu : peu de lipides et beaucoup de mouvement (mais ne l'affamez pas non plus !).

Des yeux brillants et un pelage lustré sont le signe que votre gerbille est en bonne santé.

Avoir l'œil à tout

Si vous vous occupez chaque jour de vous gerbilles, tout changement dans leur comportement ou leur aspect extérieur vous sautera aux yeux. Prenez le temps de les examiner avec attention. En décelant tout de suite la maladie ou les blessures, vous pourrez souvent éviter le pire.

▸ **Les premiers signes de maladie.** Observez très attentivement vos gerbilles, pour rechercher les symptômes suivants :

▸ **Les excréments :** diarrhée, changement de couleur ou de consistance des selles, changement de couleur de l'urine.

▸ **Les voies respiratoires :** respiration difficile, toux, éternuements, nez qui coule.

▸ **L'anus** souillé.

▸ **Les yeux :** à demi-fermés, collés, rougis ou suintants.

▸ **Les mouvements :** titubement, boitement, lenteur excessive, dos voûté, tête penchée.

▸ **Pelage et peau :** sales, couverts de croûtes, poils hérissés, endroits glabres, pellicules.

▸ **Corps :** efflanqué à cause d'une perte de poids (le poids idéal est compris entre 70 à 110 g), petites « boules », plaies, blessures.

▸ **Comportement :** apathie, refus de bouger, agressivité, mouvements stéréotypés, réactions lentes ou absentes, peur, perte d'appétit, animal assoiffé, se grattant sans arrêt.

À SAVOIR

Contrôle des dents

Le brossage des dents est exclu pour des rongeurs. Les dents doivent être jaune sombre ou orange. Des dents blanches indiquent une carence. Pour contrôler les dents de votre gerbille, tenez une friandise au-dessus d'elle. Elle s'allongera pour l'attraper, et vous pourrez alors voir si ses dents sont suffisamment usées. D'autre part, si elle mange, c'est que tout va bien, mais si elle bave, c'est un signal d'alarme.

Les infections et les parasites

La diarrhée

La diarrhée peut être provoquée par une infection, des parasites intestinaux, des aliments avariés, un excès d'aliments frais et un refroidissement. Les causes sont donc le plus souvent une maintenance et une alimentation inadaptées. Si vous ne pouvez pas être sûr qu'il ne s'agit pas d'une maladie contagieuse et que vous avez plusieurs aquariums dans la même pièce, vous devez les mettre dans des pièces différentes. Mais vous pouvez laisser ensemble les animaux de chaque aquarium.
S'il s'agit d'une maladie contagieuse, vous devrez de toute façon traiter tous les occupants. D'autre part, une séparation stresserait ces animaux sociaux, ce qui aggraverait la maladie. Ne leur donnez plus d'aliments frais jusqu'à ce qu'elles soient guéries et emmenez la ou les patiente(s) chez le vétérinaire.

L'endroit favori de la gerbille : là où elle peut déguster sa friandise tranquillement.

Les refroidissements

Les courants d'air, les variations brutales de température, une litière humide ou le stress peuvent provoquer, entre autres, des refroidissements. Il suffit que vos gerbilles soient affaiblies par des conditions de vie inadaptées pour que bactéries et virus aient le champ libre et qu'un refroidissement dégénère en congestion pulmonaire (qui, dans le pire des cas, est mortel). Si vous constatez qu'une gerbille a le nez qui coule, tousse, éternue ou respire difficilement, et que de surcroît elle est plus calme que d'habitude, il faut vite la montrer au vétérinaire et la tenir au sec et au chaud avec ses colocataires.
▸ **Important !** L'homme peut lui aussi être porteur d'infections respiratoires et contaminer ses gerbilles. Approchez-les un peu moins si vous êtes enrhumé ou souffrez d'une angine et lavez-vous les mains avant de les toucher.

La maladie de Tyzzer

Les gerbilles sont robustes et généralement bien armées contre les maladies infectieuses. Pourtant, dans des conditions de stress par exemple, une bactérie qui appartient à la flore intestinale du petit rongeur peut provoquer la maladie de Tyzzer. Les premiers signes sont la diarrhée, l'apathie et le refus de nourriture. Cette maladie très grave peut s'avérer mortelle en moins de 48 heures si on ne la décèle pas assez tôt. Elle peut se transmettre aux autres par les crottes.

Des gerbilles en bonne santé sont curieuses et très entreprenantes.

Séparez la malade et portez rapidement tous les animaux chez le vétérinaire. Les antibiotiques peuvent éventuellement être efficaces, tout au moins pour prévenir la maladie chez les autres gerbilles. Soyez particulièrement exigeant sur l'hygiène et désinfectez l'aquarium et ses accessoires.

Les parasites

En cas d'attaque de parasites ou de champignons, tous les animaux de l'aquarium doivent être traités. Seul le vétérinaire pourra diagnostiquer de quels parasites il s'agit. Sans traitement, une attaque peut provoquer la mort !

▸ **Les acariens et les poux :** ils peuvent avoir été introduits par de nouveaux animaux ou du foin souillé. Une attaque se signale généralement par des démangeaisons (les gerbilles se grattent sans arrêt), des rougeurs sur la peau, des croûtes, des escarres et un poil hérissé. Si vous ne constatez pas d'amélioration en 24 heures, il faut consulter le vétérinaire afin de commencer le traitement adéquat.

▸ **Les champignons** se signalent par des plaques dépourvues de poils et des croûtes blanchâtres, plus rarement par des rougeurs sur la peau. Au début c'est souvent la tête qui est atteinte par endroits, mais certaines espèces de champignons se limitent à d'autres parties du corps. Il faut aussi dans ce cas montrer l'animal au vétérinaire. Désinfectez toujours vos mains après l'avoir touché, parce que les champignons peuvent se transmettre à l'homme (expliquez bien cela aux enfants).

▸ **Les vers :** vous les remarquez généralement parce que vos gerbilles ont la diarrhée et/ou maigrissent. Elles manifestent souvent aussi moins d'entrain, ou deviennent même apathiques. Ces symptômes indiquent que vous devez consulter le vétérinaire.

Les autres maladies

Les allergies

Un nez rouge peut signifier une allergie à la litière. Nettoyez l'aquarium et garnissez-le de papier blanc ou de litière de copeaux de hêtre. Si l'état de l'animal ne s'améliore pas en 24 heures, montrez-le au vétérinaire pour qu'il pose un diagnostic.

Le diabète

Les gerbilles ont (comme tous les rongeurs) des problèmes pour éliminer les disaccharides (sucre industriel), ce qui peut, dans le pire des cas, conduire à cette dangereuse maladie du métabolisme qu'est le diabète. Les premiers signes sont une soif accrue et, à un stade plus avancé, on reconnaît le mal à une opacification des cristallins. Gâtez donc vos gerbilles avec circonspection et renoncez aux friandises riches en sucre (page 35). Le fructose des fruits n'est pas aussi dangereux que le sucre raffiné, mais il peut aggraver un diabète existant. Les fruits doivent donc rester exceptionnels.

Les vers de farine permettent d'enrichir sainement le menu.

L'épilepsie

Dans quelques lignées d'élevage, et surtout celles où la consanguinité est importante, ces accès spasmodiques semblent se manifester souvent, la plupart du temps lors de situations de stress. Si vous remarquez des mouvements convulsifs, une immobilité anormale ou des mouvements soudains sans coordination, montrez la gerbille au vétérinaire. Si l'épilepsie est confirmée, exposez la patiente le moins possible au stress et offrez-lui beaucoup de distractions. Les animaux atteints ne semblent cependant pas ou peu gênés par leur épilepsie.

Les changements de comportement sont toujours un signal d'alarme sérieux.

Les tumeurs

Les gerbilles, le plus souvent âgées, peuvent souffrir de tumeurs qui concernent souvent les glandes de marquage (page 8). Les nodules peuvent très souvent être enlevés. Mais si cela n'est pas possible, que l'animal souffre et n'a plus aucune qualité de vie, demandez conseil au vétérinaire et envisagez l'euthanasie.

Les blessures

Les morsures sont la cause de blessures la plus fréquente, auxquelles s'ajoutent les fractures osseuses causées par des chutes ou des contusions dans une roue inadaptée. Si on saisit malencontreusement la queue de la gerbille, sa peau peut s'arracher. Les forces d'autoguérison de la petite gerbille sont énormes et il est rare d'être obligé d'avoir recours au vétérinaire. Mais consultez-le si vous vous sentez dépassé par les soins à donner. Si les blessures sont sérieuses ou que la gerbille est tombée, consultez le vétérinaire. Veillez à la bouger le moins possible et capitonnez bien la boîte de transport. Si elle est tombée de haut, une gerbille peut aussi souffrir d'une commotion cérébrale. Si elle reste hébétée après la chute, placez-la dans une boîte obscure et appelez tout de suite le vétérinaire.

Les troubles du comportement

Ils ont généralement pour cause des conditions de maintenance inadaptées, signifient que l'animal vit dans un stress durable, responsables de l'apparition de maladies, parce que le système immunitaire est affaibli. Les troubles les plus courants de la gerbille sont le grignotage constant des grilles, des mouvements indéfiniment répétés, et une agressivité accrue. Les raisons peuvent être un enclos trop petit ou ennuyeux, l'appartenance à un groupe trop important ou mal constitué et une offre insuffisante de possibilités de ronger ou de creuser : dépêchez-vous de changer cela !

Ce que vous pouvez faire

Laissez au vétérinaire le soin de traiter une gerbille malade. Un animal si petit avec un métabolisme rapide est très vite affaibli par une maladie. Ce qui importe alors, c'est de ne pas perdre de temps et de ne pas essayer de soigner la patiente seul.

La consultation vétérinaire

Occupez-vous à temps (c'est-à-dire quand vos mériones sont en bonne santé) de trouver près de chez vous un vétérinaire ayant l'expérience des rongeurs.

▸ **Prenez rendez-vous,** vous n'aurez ainsi pas à attendre longtemps avec l'animal, déjà assez accablé. Profitez-en pour demander si vous devez apporter un échantillon des crottes ou si vous devez penser à d'autres choses.

▸ **Préparez** soigneusement cette visite et essayez de décrire le plus exactement possible les symptômes au vétérinaire. Donnez-lui les informations importantes : l'âge de la gerbille, ses conditions de maintenance, l'importance du groupe, éventuellement les maladies précédentes et les médicaments administrés.

▸ **Apportez l'animal** au vétérinaire dans une boîte de transport.

Les premiers secours

Tenez-vous en toujours pour le traitement aux prescriptions du vétérinaire.

▸ **Les médicaments** doivent être donnés comme il a été convenu.
Il est important également de ne pas arrêter le traitement précocément.
Des comprimés finement râpés ou des gouttes peuvent être donnés dans un peu de compote de fruits non sucrée, de yaourt ou de fromage blanc (à l'exception des antibiotiques qui ne peuvent pas être mélangés aux laitages).
Si la gerbille refuse de les prendre, vous serez obligés de les mêler à du liquide et de les lui donner avec une seringue sans aiguille. Mais il suffit souvent de lui en mettre une giclée sur le nez pour qu'elle la lèche.

▸ **Le traitement par la chaleur** dégagée par une lampe infrarouge du commerce peut être efficace en cas d'infection. Ne chauffez pas plus d'un quart de l'aquarium.
La lampe doit être placée à une distance telle que la chaleur soit agréable pour votre main posée directement sur la litière. Mais demandez d'abord l'avis du vétérinaire.

Un bon vétérinaire

Il prend tout son temps, même pour soigner une patiente aussi petite que la gerbille.
Il examine l'animal à fond et ne pose son diagnostic que lorsqu'il sait quelles sont ses conditions de vie.
Il explique alors en détail le traitement, tout ce que vous allez devoir faire et répond à vos questions avec patience et clarté.

Les médicaments peuvent être mêlés à une friandise.

Quand les gerbilles vieillissent

L'espérance de vie moyenne de la mérione est d'environ trois ans. « Beaucoup trop courte » direz-vous à coup sûr en regardant vos animaux. Mais le temps est relatif et ce qui vous paraît court est normal pour une gerbille : dans la nature, la durée de vie moyenne est d'un an seulement. Grâce à vous, elle a certainement vécu tout ce qui est important pour une gerbille.

▸ **Un pelage hérissé** est souvent le premier signe de vieillissement. Beaucoup de gerbilles dorment aussi davantage et sont moins remuantes qu'avant.

▸ **Offrez** à vos animaux âgés une fin de vie tranquille, ne suspendez plus les friandises aussi haut et pensez qu'une gerbille d'un âge avancé n'est plus aussi rapide ni aussi agile. Comme elle bouge moins, il faut aussi réduire en conséquence la ration de nourriture, sinon elle engraissera rapidement, ce qui ne lui facilitera pas la vie. Mais il arrive aussi qu'un rongeur sénior maigrisse : dans ce cas, vous pouvez tranquillement le gratifier plus souvent d'une graine de tournesol.

▸ **Prenez au sérieux** les symptômes de maladie (page 49), même chez une vieille gerbille et demandez la même attention du vétérinaire. Avec un traitement approprié, l'animal peut encore vivre plusieurs mois. Mais délivrez-le s'il souffre et qu'aucune guérison n'est possible.

À faire

Les naissances

De nombreux propriétaires de gerbilles sont devenus éleveurs malgré eux, parce qu'ils ont acheté une femelle pleine ou parce que deux gerbilles se sont avéré de sexe différent. Gérer tant de petits, quand on ne s'y attend pas, pose naturellement quelques problèmes.

Les petits de la gerbille sont mignons et drôles et c'est un plaisir immense de les observer. Suivre leur croissance et leur développement est une expérience passionnante, surtout pour des enfants. Ce plaisir est de courte durée car les petits atteindront vite leur taille adulte. Et la mère peut être à nouveau couverte le jour même de la mise bas. Il faut dire toutefois que la taille du groupe se régule généralement d'elle-même en fonction de l'espace disponible. Mais ne vous y fiez pas trop. La domestication fait perdre beaucoup d'instincts naturels et il peut arriver que la mère soit constamment pleine et que l'aquarium déborde de gerbilles. Si vous ne voulez pas que votre maison soit envahie d'aquariums de gerbilles, il faut séparer à temps les mâles des femelles.

Avant l'accouplement, le mâle se livre à une parade nuptiale pleine de tendresse autour de sa femelle.

Élever des gerbilles

Si vous souhaitez faire de la sélection par couleur, il faut vous plonger dans les principes de la génétique et vous informer auprès d'autres éleveurs. Ne commencez votre élevage qu'avec des animaux sains ! N'oubliez jamais non plus que vous êtes responsable des portées et que vous devez placer tous les animaux, ce qui n'est pas toujours facile.

L'accouplement et la mise bas

Les gerbilles sont généralement monogames. Dans un clan, la règle est que seule la femelle dominante assure la descendance. Si l'une de ses filles est aussi en chaleur, cela peut donner lieu à de sérieuses bagarres entre femelles. Quand la dominante meurt, la fille de rang immédiatement inférieur prend sa place. Ainsi le maintien du groupe est-il assuré.

▸ **L'accouplement.** Vous reconnaîtrez les prémisses quand le mâle flaire l'arrière-train de sa dulcinée pour savoir si le bon moment est arrivé. Il tambourine avec les pattes de derrière et poursuit sa belle dans l'aquarium. La femelle se tient immobile de temps en temps et le mâle s'accouple avec elle. Ensuite, les deux partenaires lèchent leurs parties génitales pour les nettoyer.

▸ **Au bout de 24 à 26 jours,** les petits viennent au monde. Le nombre de petits par portée est en général compris entre quatre et six, mais cela peut aller jusqu'à douze. La mise bas ne dure qu'une vingtaine de minutes et le plus souvent vous serez informé de l'heureux événement par des piaulements sortant du nid. À partir de ce moment, il y aura toujours l'un des deux parents auprès des petits. Pendant la gestation et l'allaitement, la mère a besoin de beaucoup de protéines : en plus de sa ration quotidienne, donnez-lui un vers de farine chaque jour.

***Attendez** au moins dix jours avant de toucher les petits.*

À SAVOIR

➔ Une vérification prudente

Nettoyez l'aquarium à fond avant la mise bas, afin d'éviter de déranger la mère par la suite.
Vérifiez trois jours après la mise bas, rapidement et avec précaution, si tous les jeunes sont en vie, mais ne touchez pas, et ne dérangez pas le nid ! Toute perturbation, de même qu'une carence en protéines, peut conduire au cannibalisme.

Petites gerbilles deviendront grandes

Ce qui chez les hommes demande des années se déroule, chez les gerbilles, en quelques semaines. Nous pouvons être témoins en accéléré de la transformation de gerbilles miniatures sans défense en personnalités affirmées.

Les petits de la gerbille sont des nidicoles typiques et sont livrés totalement aux bons soins de leur mère. Après la mise bas, elle les lèche pour les débarrasser du liquide amniotique et stimuler leur respiration. À la naissance, ils pèsent tout juste 3 g. Aveugles, sourds et nus, ces bouts de chou ont aussi besoin de l'aide de leur mère pour déféquer et uriner. Pour cela, elle leur lèche le ventre pour stimuler la digestion (sans cette assistance, ils mourraient). Les déjections sont mangées par la mère qui maintient ainsi le nid propre. D'instinct, les petits trouvent les mamelles de leur mère. Si l'un d'eux s'éloigne trop du nid, la mère l'y ramène en le transportant précautionneusement entre les dents. Ne dérangez surtout pas la jeune famille.

① ◂ **Au bout de 4 à 5 jours,** les premiers poils apparaissent. Les petits ont encore les yeux fermés, mais dès la 2e semaine ils entreprennent de courtes escapades hors du nid. Toutefois, ils se tiennent le plus souvent à l'intérieur. Dès la 3e semaine, ils ne se contentent plus de téter et essaient d'eux-mêmes d'enrichir leur menu. Il est temps maintenant de leur donner de la verdure pour qu'ils grandissent en bonne santé. Ils ne tarderont pas à être indépendants, étant donné que la mère peut s'accoupler à nouveau peu après leur naissance.

Si la mère allaite

2 encore la portée précédente, la gestation de la nouvelle portée peut s'allonger jusqu'à 45 jours. Mais les petits doivent apprendre à se débrouiller tout seuls. Au bout de 18 jours, les yeux s'ouvrent et c'est là un grand pas vers l'autonomie. Ils sont plus souvent en vadrouille, se nettoient et se tiennent propres d'eux-mêmes, jouent aussi avec leurs frères et sœurs et apprennent ainsi les règles essentielles de la vie dans le groupe.

À partir de la 4e semaine,

3 il est possible de déterminer le sexe des petits : les testicules des jeunes mâles sont reconnaissables environ à partir du 35e jour (+/- 5 jours). Il ne faut pas les séparer de la mère avant la 6e semaine. En effet, jusqu'à ce qu'ils passent à une nourriture solide, le système immunitaire des petits n'est pas encore suffisant et ils peuvent facilement tomber malades. Pour celui qui observe ses gerbilles, cette période est enrichissante et passionnante.

À 6 semaines,

4 il convient de séparer les sexes, pour éviter de nouvelles naissances. Il est vrai que les gerbilles n'atteignent leur maturité sexuelle qu'à partir de la 8e semaine, mais il y a toujours des exceptions qui pourraient bouleverser vos plans.
La plus grande croissance en taille et en poids a lieu dans les huit premières semaines. Les gerbilles ne sont adultes qu'à un an. La rapidité avec laquelle grandissent les petits dépend des conditions de vie et de l'importance de la portée. Généralement, les petits de portées réduites se développent plus vite.

Coin infos

L'auteur et le photographe

▸ **L'auteur** Heike Schmidt-Röger est journaliste indépendante et auteur, spécialiste des animaux de compagnie. Ses travaux sont le fruit d'observations et d'expériences personnelles. Elle a écrit divers ouvrages et articles pour des quotidiens, des revues et des magazines.

▸ **La photographe** Regina Kuhn est photographe et auteur indépendante, avec des années d'expérience dans la photographie des animaux.

Crédits photographiques

Toutes les photographies (intérieur et couverture) sont de Regina Kuhn sauf celle de la page 64, de **Heike Schmidt-Röger.**

Remerciements

▸ **L'éditeur, la photographe et l'auteur** expriment leur gratitude pour l'aide amicale apportée lors des prises de vues à Tamara Oberhoffner (Endersbach), Ronja Henneke avec « Dschingis » et « Khan » (Göppingen), Sally Matern (Hochdorf), à l'animalerie Utke (Oberesslingen) et à l'animalerie Kölle (Stuttgart).

▸ **L'auteur** remercie la vétérinaire Steffi Hallack (Weilburg), l'éleveuse de gerbilles Tina Hermann (Wetzlar), Eva Maisel (Bayreuth) et Christine Wilde (Osnabrück), ainsi qu'Ines et Markus, son mari, pour la patience et la tolérance dont ils font preuve dans la maintenance des animaux, et tout particulièrement sa mère.

L'édition originale de ce titre a été publiée en allemand sous le titre « Rennmäuse »

Traduit de l'allemand par : Jacqueline Moularde

8, rue Blanche
75009 Paris
Tél. : 01 48 05 03 03
Fax : 01 48 05 02 04
Internet : www.editions-ulmer.fr

Réalisation : Bénédicte Dumont
Suivi éditorial : Raphaèle Dorniol
Impression : Alcione, Trento
Printed in Italy

Dépôt légal : 4e trimestre 2009

ISBN : 978-2-84138-422-8
N° d'édition : 422-01

Responsabilité

L'auteur et **l'éditeur** se sont efforcés d'apporter les informations les plus fiables possibles. Des erreurs ne peuvent toutefois être totalement exclues. Aucune garantie quant à l'exactitude des informations ne peut donc être donnée. Leur responsabilité pour les dommages éventuels qui pourraient en résulter ne pourra être juridiquement invoquée.

Index

Aux éditions Ulmer,
trois autres livres sur les rongeurs

CHINCHILLAS
Par H. Schmidt-Röger

64 pages, 17 x 21 cm
ISBN : 2-87138-264-8

7,50 €

RATS
Par G. Gassner

64 pages, 17x 21,5 cm
ISBN : 978-2-84138-419-8

6,90 €

HAMSTER
Par G. Gassner

64 pages, 17x 21,5 cm
ISBN : 978-2-84138-374-0

6,90 €

Merveilleuses gerbilles

Les gerbilles sont des animaux extraordinaires et quand tu les observes, c'est souvent plus passionnant qu'un film au cinéma.

C'est dans la construction de galeries que les gerbilles donnent toute la mesure de leur talent. Si tu photographies tous les jours pendant un mois leur enclos avec l'endroit qu'elle creuse et que tu relies les photos pour en faire un livret, tu obtiens un film à projeter avec le pouce. Pour la « projection », tiens fermement d'une main le côté relié et avec le pouce de l'autre main, fais glisser les pages entre tes doigts : tu pourras ainsi voir en accéléré comment se construisent les galeries.